El Método MAR²

Para Perder Peso

Una Fórmula 100% Simple

Caro Tovar

Caro Tovar: www.carotovar.com

Copyright 2022 – Carolina Tovar
ISBN 9798353677932
Diciembre 2022
Todos los Derechos Reservados

Caro Tovar

Hola, soy Caro Tovar, nutricionista y escritora Best Seller de Amazon. Me dedico a liberar a las mujeres de la prisión alimentaria en la que se encuentran, que no les deja vivir en el cuerpo que se merecen con la energía para cumplir sus sueños.

Durante años sufrí las consecuencias de mi mala alimentación, desde los 14 años viví de dieta en dieta sin lograr un momento de equilibrio. Mientras competía en salto en alto y batía records ganando medallas sudamericanas siempre con kilos demás, mi salud y mi energía se agotaban. Desde esa época sufrí de sobrepeso y decenas de síntomas relacionados con mi alimentación y estilo de vida, que creía era el adecuado. Así lo había aprendido durante mi Carrera de Nutrición y en los Masterados y Diplomados que realicé.

Después de realizar más de 30.000 sesiones uno a uno en mi consultorio y escuchar a miles de mujeres sufrir por la prisión alimentaria en la que vivían, y en la misma que yo me encontraba, cree un Método que me permitió liberarme.

El Método MAR² es un programa basado en la analogía de las olas del MAR que te explica de manera simple cómo perder peso y llevar una vida entre el equilibriomomentáneo al estar llevando una alimentación perfecta, al des - equilibrio de la fiesta, del festín, que está relacionado con los vaivenes y la esencia de la vida misma. El Método MAR al cuadrado duplica los beneficiosde cualquier plan o dieta que hayas hecho hasta hoy y te empuja a lograr el resultado que buscas.

Con el Método MAR² vas a lograr surfear en las olas del Festín – el Ayuno – y nuevamente el Festín sin perder tu energía, tu figura sexy y tu salud.

Me puedes contactar aquí

www.carotovar.com

FB:
https://www.facebook.com/carotovaroficial

Instagram:

Caro Tovar: www.carotovar.com

El Método MAR²
Para Perder Peso

Una Fórmula 100% Simple

Caro Tovar

Caro Tovar: www.carotovar.com

Índice

Capítulo 1	Mi historia de peso	Pág. 11
Capítulo 2	Dieta Baja En Calorías	Pág. 21
Capítulo 3	Método MAR²	Pág. 29
Capítulo 4	Mentalidad	Pág. 49
Capítulo 5	Meta	Pág. 55
Capítulo 6	Acción	Pág. 59
Capítulo 7	Actitud	Pág. 75
Capítulo 8	Repetir	Pág. 83
Capítulo 9	Rutina	Pág. 91
Capítulo 10	Los 7 Pasos Del Método MAR²	Pág. 97

Caro Tovar: www.carotovar.com

Capítulo 1

Mi historia

Recuerdo que estaba en la fila del colegio en 6to grado, tenía 11 años cuando empecé a ver borroso, me refregué los ojos e intenté solucionar el problema, pero fue peor. No era borrosa precisamente mi vista sino con estrellitas, como luego les expliqué a mis padres y a las decenas de médicos que me revisaron. Eran unos destellos que no me dejaban ver normal. Sentí luego, que el brazo izquierdo se me dormía y empezaba a molestarme lacabeza.

Así fue como experimenté mi primera migraña, con las que luego me acostumbré a vivir. Solían durar varias horas, en las que tenía que recostarme con la luz apagada y un paño de tela mojado sobre los ojos.

Estas crisis las tuve por años y tardé mucho enrelacionarlas con mi intestino. ¡Sí! como lees, con misintestinos.

Durante mi adolescencia me convertí en la saltadora de alto más joven en batir el récord de mi país (Récord Nacional de Paraguay que sigue vigente desde noviembrede 1989) y me alcé dos veces con la medalla de plata sudamericana. Sin embargo, yo me quejaba de no sentirme con total energía, vivía con estreñimiento, me alimentaba mal, siempre a dietas para bajar los 3 o 4 kilos que subía y que entorpecían mi rendimiento.

Dejé la práctica formal de atletismo muy joven, cuando todos empezaban yo ya estaba de salida, estaba exhausta.

Ya en la Universidad y cursando la Carrera de Nutrición tuve episodios de desmayos con crisis vaso vagales, literalmente sentía que me desvanecía y luego ya me contaban que me contorsionaba en el suelo como epiléptica. Al recobrar el conocimiento, me vomitaba la vida.

No te cuento a cuántos médicos visitamos con mis padres desesperados, desde neurólogos, clínicos, psiquiatras, psicólogos y nadie entendía muy bien lo que me ocurría. Sin embargo, me medicaron para la depresión (tenía una tristeza enorme sin motivo aparente), para la ansiedad, para la inflamación cerebral y para los ataques de pánico.

Toda esa medicación no hizo más que generar otros síntomas. Sumado a los 14 kilos que aumenté al dejar el atletismo y las dietas raras y pastillas que me tomaba para volver a mi peso y físico de atleta.

Seguí con la medicación neurológica por años y luchando con mi peso.

Cuando me embaracé de mi primer bebé, al poco tiempo, él empezó a manifestar problemas intestinales parecidos a los míos y me desesperé.

Me enrollé con él en el lío de la medicina tradicional en la que yo estaba hacía años, pasamos de pediatras en pediatras y de gastroenterólogos a endocrinólogos, alergistas e inmunólogos. Todos confundidos por los síntomas de mi pequeño Fabricio.

Años más adelante, mis padres enfermaron, ambos tuvieron cáncer y yo sentía que estaba teniendo todos los mismos síntomas que ellos manifestaron y NO quería el mismo desenlace para mi vida y menos para mi hijo.

Entendí que debía buscar otras alternativas tanto nutricionales como de suplementos o él pasaría años con mis mismos problemas.

Todo empezó cuando salí del gastro enterólogo, me había hecho estudios y los estudios realizados decían que estaba con pólipos intestinales, manchas en el esófago y el cardias del estómago abierto. Yo le pedía explicacionesal médico, le decía: "cómo podía ser que yo esté con todos esos síntomas que son la antesala de las enfermedades de mi familia, si comía bien".

Bueno, eso era lo que yo creía en aquel momento. Ya me había graduado como nutricionista y seguía todas las indicaciones nutricionales que yo misma daba a mis pacientes. También bebía suficiente agua y hacíaejercicios físicos, ¿por qué me sucedía esto a mí?

Estaba enojada con la vida, qué más tendría que hacer para no enfermar.

Recuerdo que el médico me dijo: "Lo tuyo es genético, solo debemos controlar cada 3 años y ver cómo avanza".

¿No había nada que yo pudiera hacer? No existía alguna forma de prevención.

Imagina que venía de controlar mi peso a fuerza de una voluntad terrible, haciendo una dieta baja en calorías, comiendo chiquito, todo en la porción justa, con moderación. Había mantenido vigilado a los ataques de pánico con bastante medicación, mis alergias tapadas con antihistamínicos y la falta de energía con abundante café.

Y, sin embargo, me seguía sintiendo enferma y los estudios confirmaban que lo malo seguía avanzando.

¿Te pasó alguna vez que te aparecen síntomas del hipotiroidismo, de la hipertensión arterial, de las migrañas, del estreñimiento y el médico solo te da medicamentos para esto o para lo otro y te sigues sintiendo sin energíasy sigues empeorando?

O te mandan a un nutricionista y éste te da dietas de morir de hambre donde te tienes que aguantar para perder peso, si te agregan muchas calorías no pierdes ni 100 gramos. Yo hacía mis propias dietas, las mismas queindicaba a mis pacientes en el consultorio. Es decir, me daba con mi propia medicina. Y aunque sufría de hambre voraz me las aguantaba a base de mi fuerza devoluntad... y a pesar de todo igual seguía enferma, sin energía y sin verme como quería... todo mal.

¿Qué te dice la gente sobre el dolor de cabezas, el estreñimiento, la falta de energía y la ganancia de peso? Que es "normal" y que lo único que te resta es hacer dietas hipocalóricas a base de aguantar y medicamentos para los síntomas que van apareciendo.

Pero ese resultado de la endoscopia y de la colonoscopía me dejaron por el suelo. Para la medicina y la nutrición tradicional yo ya estaba sentenciada a desarrollar las mismas enfermedades que mis padres.

Pero como no tenía energía, incluso dormía 10 horas al día e igual no me recuperaba, no podía pensar con claridad y mi desgano era enorme.

Así que fui a un endocrinólogo para ver por qué no tenía energía y aumentaba de peso. Éste al ver mis análisis me dijo que la medicación para la migraña y para la inflamación cerebral que me prescribió el neurólogo me estaban llevando a un hipotiroidismo subclínico. ¡Uff! Esto ya era demasiado. Con razón apenas comía algo y engordaba.

Cuando ya me encontraba en un pozo oscuro que parecía no tener salida, asistí a un taller que dictaba el Dr. Julio César Montero, un médico nutriólogo argentino que se convirtió en mi ejemplo a seguir. Recuerdo que dio un taller de 8 horas de duración él solito, mientras todos almorzábamos él se tomó solo un café y continuó toda la tarde disertando acerca de la importancia de reducir los tiempos en el que uno comía para ganar salud y sobre el comer intermitente.

Contó cómo había corrido un maratón de 42 km en ayunas y que su rutina alimentaria consistía en comer únicamente una comida abundante al día, en el horario de la tarde - noche.

Yo no podía creer lo que escuchaba, pero bastaba verlo tan energético, tan atlético y con tanta evidencia científica que respaldaba sus afirmaciones que no me quedaban dudas de que lo que proponía tenía sentido. ¿Podría ser esa una forma de alimentación que me permitiera estar en mi peso ideal, energética y fit?

Terminé adoptándolo como mi tutor, hoy día dictamos juntos el Diplomado de Obesidad para profesionales médicos y nutricionistas a través de mi Centro de Capacitación online de Ravot Academy, qué privilegio el mío.

Me dijo que el filósofo griego Platón ya recomendaba la abstención de comer por un espacio de tiempo para curar enfermedades en la antigüedad y fue esta información la que me inspiró a desarrollar una fórmula que me serviría para curarme definitivamente.

Al poco tiempo de empezar a practicarla, desaparecieron los síntomas de reflujo gástrico, estreñimiento, se detuvo la caída del cabello, las uñas quebradizas, no tuve más episodios de migrañas, le dije adiós a las alergias, a la dermatitis, a las infecciones a repetición y lo mejor de todo fue que perdí peso sin sentir hambre y olvidándome para siempre de los dulces, que eran mi debilidad.

El Método MAR²: Para Perder Peso

Las personas me conocían como Caro Tovar la dulcera, yo me describía como una persona ansiosa y al llevar a cabo estos cambios enseguida noté la pérdida del interés por los dulces con lo cual nunca más tuve que aguantarme las ganas cuando estaba frente a un pastel de chocolate, se volvió invisible ante mis ojos.
¡Maravilloso!

¿Te gustaría poder perder peso, eliminar la grasa corporal sin sufrir de hambre, sin tener que aguantar la ansiedad por los dulces y disfrutando de una energía ilimitada?

Ese es el objetivo de este libro, que puedas liberarte de la prisión alimentaria en la que vives sin hambre ni pasar largas horas en la cocina. ¿Te gustaría?

Pero déjame darte una advertencia: para que obtengas los resultados que deseas, necesitas comprometerte, tomar una decisión y pasar del simple sueño de querer cambiar tu cuerpo, tu salud, ganar energía a TU realidad. Y lo vas a conseguir cambiando tu discurso interno del "Yo no puedo", "Esto es Imposible" a tomar ACCIÓN.

Animarte e ir por ello.

Porque si no tomas acción volverás a sentirte fracasada, frustrada y volverás a querer justificarte diciendo: "Ya lo sabía, este método tampoco es para mí"

Personalmente creo que NO existen los fracasos, sino resultados.

Sí! resultados y no fracasos, te explico con un ejemplo: si estás llevando una alimentación moderada y bebes poco alcohol y aun así sigues con sobrepeso, pues ese no es un fracaso sino el resultado de comer moderado y beber poco alcohol. Que no te gusta el resultado, que no te está funcionando para adelgazar, entonces tienes que hacer otra cosa, lo moderado y poco no le funciona a la mayoría.

Ahora si tu objetivo es perder peso y ganar energía tienes que llevar a cabo otras acciones, moderación de esto y poco de lo otro a ti no te está funcionando, deja de insistir.

Dejé de insistir con las dietas que me enseñaron en la facultad, cambié mis acciones e incluso mis creencias acerca de la forma de comer.

Los resultados que había tenido con las dietas bajas en calorías y creyendo en la frase: "Come Menos y Muévete Más" no me estaban dando los resultados que yo quería. Tenía que cambiar.

Imagina que yo venía del mundo científico, todo lo que yo creía acerca de la Nutrición y la Medicina venía de lo que me enseñaron en la Universidad, en mi Masterado, en los Postgrados que cursé y que luego repliqué lo mismo con mis alumnos y pacientes. Pensar en cambiar era como que debía nadar en contra de la corriente.

Claro, yo creía en lo que aprendí y tuve que entrenarme para pensar diferente, actuar diferente y ¡PUMMM! Al hacerlo diferente también los resultados fueron diferentes.

Ya te adelanto que nadar en contra corriente no es tarea fácil al principio pero sí es sumamente posible. Solo necesitas de un método.

Un método que te sirva de guía para alcanzar lo que estás buscando: Perder peso y ganar energía y salud para vivir la vida que te mereces y liberarte del sube y baja de peso, de tener que vivir a dieta.

Todas nacimos para cumplir nuestros sueños y habitar en un cuerpo que nos permita lograrlo, si el tuyo no te está acompañando en lo que quieres, puedes cambiarlo. Jim Rhon decía que no eres un árbol, puedes cambiar. ¿Estás lista? ¡Empecemos!

Caro Tovar: www.carotovar.com

Capítulo 2

¿Por qué la dieta baja en calorías NO funciona para perder peso?

La dieta baja en calorías así como las conocemos no funciona para perder peso, porque se basa en conceptos erróneos como el balance de energía: Todo lo que entra debe ser igual a lo que sale, sino se acumula en forma de grasa. Esto nos lleva a creer que debemos de comer exactamente igual a lo que gastamos para mantener el peso y si buscamos adelgazar, pues hay que Comer Menos y Moverse Más.

De esa manera se generará un balance negativo entre lo que entra y lo que sale y perderás peso.

Muchos profesionales nutricionistas siguen indicando este método obsoleto que solo lleva a generar mucha frustración en las personas que lo practican, pues se la pasa muy mal queriendo llevarlo a cabo.

Así, en esta dieta hipocalórica (baja en calorías) la pobre víctima debe:

-❼ Comer menos de lo que necesita

Si tus requerimientos nutricionales según los cálculos son de 2.200 calorías entonces debes de ingresar, a través de los alimentos menos calorías que esas. Digamos que entre 500 a 1000 menos ya podría catalogarse como una dieta hipocalórica.

Es cierto que calcular las calorías de lo que comes puede ser una tarea sencilla, basta con mirar tablas o aplicaciones que te suman las calorías de cada alimento y ya. Una manzana mediana de 150 gramos puede aportar 75 calorías y así una va sumando hasta alcanzar las 1200 o 1700 calorías propuestas en el plan de dieta para que sea una dieta hipocalórica, recuerde que tus requerimientos dijimos que eran 2200.

¿Te das cuenta de que este método no toma en cuenta la calidad del alimento que se consume?, con tal de que se lleguen a las calorías sugeridas todo se vale.

Así da lo mismo si una come una manzana o un huevo, ya que ambos tienen 75 calorías. O es lo mismo si se toma un vaso de la soda más famosa del mundo, que también en 190 ml de soda tiene 75 calorías.

¿Crees que el organismo se comporta igual si te tomas una soda endulzada con jarabe de maíz de alta fructosa que si tiene que digerir, metabolizar, absorber y utilizar la energía de una manzana? Claro que no responde igual.

La calidad del alimento IMPORTA y mucho, cada alimento o producto comestible que una consuma es información para el organismo, es un mensaje. Y éste va a responder de determinada manera y utilizar esa información de acuerdo a su estado y momento en el que se encuentre.

Por ejemplo, si lo que se ingirió fue azúcar, ésta va a estimular al páncreas a que segregue la hormona insulina en sangre que es la hormona encargada de meter la glucosa (azúcar) dentro de las células para ser utilizada como energía, pero también puede ir al hígado yconvertirse en glucógeno hepático (reserva de glucosa) o también puede metabolizarse y guardarse como triglicéridos (grasa) en el depósito adiposo.

La persona que comió "voluntariamente" azúcar que luego se convirtió en glucosa ya no puede decidir en qué se convertirá esa glucosa en su organismo. Una quisiera que se combustione y que se disipe en forma de energía, pero la verdad es que el estado hormonal, metabólico y bioquímico interno es el que decide si la glucosa se utilizará como energía, se guardará como glucógeno en elhígado o como triglicéridos aumentando las reservas de grasa. Sí, leíste bien, el azúcar se puede convertir en grasa, así es como se aumenta de peso con helados y pastel de chocolate.

Si las células están abarrotadas de glucosa, éstas se volverán resistentes a la insulina para no permitir más entrada de glucosa y ésta circulará en sangre junto con la insulina, situación que termina convirtiéndose en diabetes mellitus tipo 2.

-❼ Las calorías que salen

Calcular las calorías que se gastan es una misión imposible, sin embargo, se sigue creyendo que se queman determinadas calorías por correr 30 minutos en una cinta o se usa apps para saber cuánto ejercicio se debe de realizar para quemar una donut.

Nada más lejos que la realidad, el organismo ante un aumento del gasto por ejercicios físicos empieza a activar mecanismos para reducir el gasto en otra zona del cuerpo, a modo de compensar. Si no fuera así, un maratonista ya se hubiera desintegrado si fuera verdad que quemara 2500 calorías en cada entrenamiento o carrera de 42 km.

Así una persona que usualmente consume sus 2200 calorías al día, al iniciar su dieta baja en calorías de solo 1200 o 1700 achica su metabolismo para adecuarse a ese ingreso. ¿Por qué hace esto? Porque no quiereextinguirse, es un mecanismo de supervivencia.

Significa que dividirá de manera diferente la energía y se volverá un organismo ahorrador, disminuye su tasa metabólica basal hasta un 40%, disminuye su fuerza, su frecuencia cardíaca, el volumen sistólico, la temperatura corporal, la resistencia física, la presión arterial, aparece cansancio, mareos, pérdida de cabello, las uñas se quiebran…

Es como si manejaras tu presupuesto económico, por ejemplo: si usualmente tienes un sueldo de 1000 dólares al mes y tus gastos son de 1000 dólares al mes (pagas tu alquiler, el combustible de tu carro, comida, colegio de tus hijos, el internet, la luz, el agua, así como la peluquería, cine, salidas a cenar) estás en un balance, usas todo lo que cobras.

El Método MAR²: Para Perder Peso

Pero qué pasa si viene una pandemia y tu jefe te dice que tu sueldo se verá reducido en un 30% y pasas a cobrar 700 dólares al mes, ¿cuánto vas a gastar? Hay gastos que sí o sí debes de seguir hacer, pues son los más importantes y haces un reacomodamiento de tus egresos y así dejas de ir a la peluquería, de salir al cine o ir de copas. Porque si no te acomodas a tu nuevo ingreso vas a la quiebra, no puedes seguir gastando 1000 si cobras 700 dólares, ¿cierto no?

Lo mismo hace tu organismo cuando le das menos energía, es decir, cuando del día a la noche comes menos porque inicias tu dieta baja en calorías, redistribuye su energía y por ejemplo reduce tu temperatura y tienes más frío que antes, se te cae el cabello, se te quiebran las uñas y te sientes cansada.

No hay forma de engañar al organismo pretendiendo que comiendo menos bajarás de peso sintiéndote bien. Se pasa mal comiendo menos y, aún más, si te fuerzas a moverte aumentando tus ejercicios. Mareada, con frío y con hambre.

A base de mucho esfuerzo, las personas hacen estas dietas y consiguen resultados moderados. En verdad, no bajan la cantidad de kilos que les gustaría y los que creen que se merecen, pues han hecho mucho esfuerzo para sostenerlas.

Sino peor, apenas comen un poco más, el organismo activa mecanismos hormonales de recuperación (para volver a acumular grasa de reserva pues cree que estuviste en una isla sin comida) y recuperas todo el peso que con tanto dolor bajaste. El famoso efecto yo-yo.

Entiende esto: la acumulación de grasa es una cuestión hormonal y no de contar calorías.

Ya te revelé una verdad indiscutible, y que más que seguro, ya la viviste, por eso probablemente sigas leyendo este libro. Pero no te preocupes, ya descubriremos hoja por hoja el Método MAR² que llevó a miles de personas a alcanzar, no solo su peso ideal, sinoa balancear las hormonas, el metabolismo y la microbiota intestinal.

Este es un método que lo aplico con mis pacientes y les ayuda a dar cada paso de manera ordenada y sin sufrir en el proceso. Increíble que exista una fórmula para comer la cantidad de comida que el cuerpo te pida e igual perder peso, pero existe y te la voy a contar aquí… sigue leyendo.

¿No te pasó algún domingo que te atoras de comida chatarra y te sientes tan hinchada, que prometes que al día siguiente reinicias tu dieta estricta sin interrupción hasta tu peso ideal?

Ese lunes empiezas la dieta baja en calorías que tehabía dado un nutricionista o la que te pasó una amiga y te pones a hacerla, sin ningún plan, a lo loco, atropellandocada día, cada hora de comida y por supuesto al llegar al viernes (si es que llegas hasta el viernes) vuelves a tomar esa misma hamburguesa o pizza y te sientes frustrada y enojada de volver a caer en la tentación.

Yo caí en esa práctica durante años, pero no te desesperes porque estás aquí y en este capítulo te contaré el paso a paso para iniciar de manera ordenada tu cambio de alimentación y de vida que me ha funcionado en mi vida y a más de 15.000 pacientes que pasaron por mi centro de nutrición y programas online.

Cuanto más sepas de nutrición y más te eduques en esto, mejores resultados tendrás para tu vida y dejarás de ir por allí haciendo dieta tras dieta sin lograr llegar nunca a la verdadera raíz del problema.

En el próximo capítulo te cuento del Método MAR², estás cerquita de descubrirlo...

Caro Tovar: www.carotovar.com

Capítulo 3

Método MAR²

El método MAR² es un método que nace luego de pasar más de 30.000 sesiones uno a uno con mis pacientes de manera presencial y cientos de mujeres en mis programas online y descubrir, o entender mejor dicho, que la mayoría de las mujeres que llegaban a mi consulta querían encarar su dieta, su cambio de alimentación desde la obligación, desde el desespero, desde la depresión, desde todo lo negativo que se te ocurra.

"Tengo que bajar de peso"
"Tengo que volver a entrar en mis ropas"
"Tengo que volver a mi peso ideal"
"Llegan las vacaciones y me tengo que poner el bikini"
"Es la fiesta de mi hija y tengo que lucir espectacular"

A ver si me contestas esto: ¿Quién en su sano juicioquerría sostener para toda la vida algo que es similar a la tortura?

¿Quién querría escuchar que debes de estar a dieta toda la vida? ¿Y la fiesta y el chocolate y la pizza para cuándo? ¿Se puede realmente vivir a dieta?

Yo no lo creo, suena muy maquiavélica la idea de tener que vivir a dieta para lucir espléndida. Aunque debo de reconocerte algo, yo misma me auto torturé por mucho tiempo con esas dietas que se las daba a mis pacientes.

Seguí las dietas bajas en calorías, bajas en grasas, pasando un hambre atroz... recuerdo una de las veces que me forcé a realizar una dieta de 14 días con unas viandas carísimas que solo traían 3 lechugas y 50 gramos de pollo seco sin grasa sin aderezos. Una noche no podía dormir del hambre, y en mi ignorancia juvenil, me preparé café con edulcorante intentando calentar la pancita con un líquido caliente y conciliar el sueño. ¡Cómo se me ocurre querer dormir preparándome café! Luego recuerdo que me comí una zanahoria cruda a las 3 am y mi panza no paraba de rugir. A las 5 mi papá se levantó y creyó que yo también lo hacía y me invitó a desayunar con él, tomé un té con tostadas y mantequilla. Ahí rompí mi dieta, y si bien pude dormir ya no pude retomar la dieta.

Y me decía para mis adentros: "Esto es insostenible" ni dormir se puede del hambre, ¡qué locura!

Claro que es insostenible utilizar la fuerza de voluntad por tanto tiempo, es insostenible pasar hambre, es insostenible andar mareada en el trabajo, es insostenible forzarse a realizar ejercicios físicos sin energía.

Y después de dialogar con tantas personas en mi Clínica y encontrarme con las mismas objeciones y escuchar lo que NO funcionaba, empecé a pensar en lo que sí podría funcionar.

Creo que una vida que oscile entre la dieta y el permitido, entre el ayuno y el festín, entre comer lo que te conviene y también poder darte los gustitos suena mejor, que vivir siempre a dieta o vivir de dieta al atracón, ¿no lo crees?

No necesitas llegar a tu peso con la actitud del todo o nada, del blanco o negro, siendo que existe un intermedio.

Y sé que estás buscando ese intermedio hace mucho tiempo, pero allá afuera no te dicen cómo.

La mayoría de los nutricionistas y médicos que ofrecen dietas, planes de ejercicios, recetas y hasta cirugías para perder peso, NO te cuentan de este intermedio, no te cuentan de que Sí podés darte un gustito, comerte lo que te alegra el alma y volver a tu rutina de alimentación. Solo insisten (y perdóname, pero yo también lo hacía) en el resultado en la balanza como único objetivo. Bajar depeso a toda costa, incluso le digas que estás muriendo de hambre, tienes frío y se te cae el cabello.

Cuando te vas a la consulta del profesional para el famoso "control de peso", procuraste cocinar y comer todo lo que decía en su plan de dieta, incluso esa verdura que no sabías que existía, incluso peleando con tu pareja porque él quería seguir comiendo como antes y lo que pidió por delivery despertó tu instinto animal y agotada deaguantar toda la semana te comes eso que ves, quehueles y que tu cerebro sabe que te gusta. Le dices: Hola bocadillo delicioso - Chau dieta. Igual sueñas que vas a perder peso porque sientes que hubo más esfuerzo que falta de voluntad.

Pero luego te pesas y ves que solo bajaste 100 gramos y sientes que nada valió la pena. No existe un sensor en el organismo de esfuerzo, tu cuerpo no puede valorar que aguantaste de no comer durante 6 días y 22 horas y solo 2 horas que has comido algo y ya ¡PUMM! solo bajas 100 gramos de peso esa semana. Parece tan injusto.

Y te preguntas: "¿Hay algo peor que esto?" y sí, es la cara del profesional dietista dudando de que una NO hizo la dieta en forma. Claro, la gordita angurrienta es una, esa es la fama que ya una se ganó.

Cuando veo en retrospectiva me doy cuenta de que yo misma hacía eso con mis primeros pacientes, hasta que luego de 10 años de escuchar que las estaba torturando y, que encima, las trataba de mentirosas, decidí cerrar la consulta y abrir una Clínica para trabajar de cerca con profesores de gimnasia, esteticistas, psicólogos, coach, cheff y médicos. Con el fin de cerciorarme de que, en verdad, estaban haciendo todo el plan y de que yo les estaba dando todo lo que necesitaban para lograr "hacerla dieta en forma y cambiar su vida para siempre".

Ya hoy, eso quedó atrás. Me di cuenta de que ESA tampoco era la forma de ayudar.

Al final, nadie quiere hacer dieta, todas querríamos estar en nuestros pesos ideales sin pasar por una dieta, todas querríamos seguir comiendo y bebiendo lo que nos gusta y a la vez estar en nuestro peso ideal y fit.

¿Quién querría pasarla tan mal haciendo dieta para luego nunca más poder disfrutar el bocadillo preferido porque se sube de peso nuevamente?

Decidí cerrar la Clínica y cree el Método MAR² que permite a las mujeres liberarse de la prisión alimentaria que no les deja vivir en el cuerpo que se merecen, sin dietas de hambre ni horas en la cocina. Esta tarea se convirtió en mi misión.

Quiero ayudarte a que logres tu libertad, a que puedas soltar las amarras y las cadenas de las dietas restrictivas que vienen seguidas por un atracón alimentario y las consecuencias de ese bucle descendente que afecta a todas las áreas de tu vida.

Es muy fácil dejarse llevar por la corriente, hacer lo que todos hacen. Tal vez sea hora de NO volver a intentar métodos tradicionales, otra nueva dieta y hagas algo diferente.

Recuerda que los únicos peces que nadan con la corriente son los muertos. No te des por vencida, no tires la toalla. Puedes recobrar tu salud, tu energía, verte sexy y poderosa ahora, a esta edad, en este momento de tu vida, porque en tus manos está todo lo que necesitas para cambiar y encaminar tu rumbo.

¿Sigues la corriente o nadamos juntas al compás de las olas del Método MAR²?

Mira hasta nuestros ancestros del paleolítico, pasando por los filósofos griegos como Platón, e incluso Jesús disfrutaban de períodos de ayuno seguido de un festín. ¿Por qué no les puedes modelar y hacerlo también?

El Método MAR² es un programa basado en la analogía de las olas del MAR que te explica de manera simple cómo perder peso y llevar una vida entre el equilibrio momentáneo al estar llevando una alimentación perfecta, al des - equilibrio que está relacionado con los vaivenes y la esencia de la vida misma.

Recuerda: No se puede estar 100% con energía siempre, no se puede estar 100% a dieta siempre. Pero tampoco puedes estar de 100% de fiesta y pretender rendir en tu trabajo, estar de buen humor o verte Fit. ¡Seamos coherentes!

Lo que sí estoy 100% segura es que para perder peso el método debe de ser simple, ya que lo complicado no le funciona a nadie.

Prescribir una dieta en la que necesites cocinar 5 o 6 comidas por día, que sean menúes diferentes a los de tu casa, hacer una larga y carísima lista de compras del supermercado, cargar con tus viandas en el trabajo, comer incluso cuando no tengas hambre porque lo dice un papel: ESO No es para humanas. Y aunque te considero una wonder woman, porque tienes fuerza, belleza y perfección, sabiduría, hablas con la verdad, tienes velocidad y defiendes con capa y espada a los tuyos (super poderes de la wonder woman) si vives complicada no tendrás tiempo ni energía para cuidarte y dedicarle a tu hermosa persona. La palabra aquí es: Simple.

El Método MAR² se representa con las olas de mar, aquí te muestro:

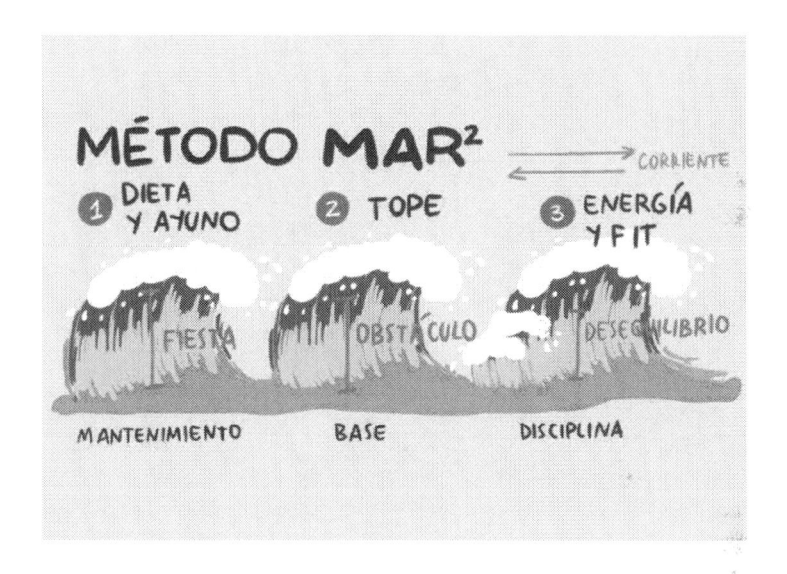

```
MÉTODO MAR²                    CORRIENTE
① DIETA        ② TOPE      ③ ENERGÍA
  Y AYUNO                     Y FIT

    FIESTA        OBSTÁCULO      DESEQUILIBRIO

  MANTENIMIENTO      BASE         DISCIPLINA
```

El Método MAR² tiene 3 Etapas bien diferentes entre sí y cada etapa representa un momento en el oleaje, en la formación de la ola, en el momento de máximo esplendor y en su caída estrepitosa.

Etapa 1: Dieta y Ayuno

Es la etapa de máxima Energía y es el momento en que llegas a verte Flaca y Fit.

La Ola cuando está a tope y llega a la cresta es el momento de máxima altura. Es cuando vemos a la ola y hasta podemos pronosticar su caída pues nunca se quedaallá en lo alto sino que cae y cae con todo.

Este es el momento donde se requiere hacer el cambio en la alimentación al que le llamamos dieta.

Sé que dieta te suena a tortura por las anteriores veces que intentaste hacerla a base de dieta bajas en calorías, pero el verdadero significado de la palabra dieta es plan de alimentación, son todas las comidas que llevas a la boca y forman parte de tu hábito alimentario. Si quieres perder peso, ya sabes que tienes que cambiar la forma de alimentarte, no hay de otra. La que no quiere cambiar la calidad y los horarios en los que come nunca llega a su meta, nunca llega a vivir en ese cuerpazo que sueña.

Esta es la Etapa que la conoces de memoria, ya sabes que para cambiar hay que cambiar, aunque suene a cliché.

Este es el momento de hacer que las cosas sucedan, de salir de tu estado cómodo, de tu famosa zona de confort o de flow y tomar acción masiva para mantenerte en el tiempo suficiente que necesites para alcanzar tu estado ideal, ese peso con ese % de grasa que te permite estar
fit, sexy y con energía.

Cuando estás en la cresta de la ola se nota, todos lo notan.

En la Etapa 1 te recomiendo iniciar con la dieta keto y el ayuno intermitente. En el capítulo 6 te explico cómo hacerlo de la A a la Z. Y también puedes unirte a mis Programas virtuales de El Reto 30 y Efecto Platón donde te llevo de la mano para implementar estos espacios de No comida que le llamamos ayuno intermitente y qué comer en las ventanas u horas de comida.

Caro Tovar: www.carotovar.com

Te dejo el link si quieres que te acompañe en esta etapa más de cerca con mis Programas online.

Etapa 2: Fiesta y El Permitido

En esta Etapa de Fiesta te encuentras en Des – Orden y Des - Equilibrio. Este es el famoso obstáculo con la que se encuentra la mayoría cuando está en la Dieta y tiene que ver con las fiestas o cuando aparece un pastel de chocolate frente a sus narices.

¿Por qué cuando estamos de fiesta se nos va la voluntad? Porque es nuestro diseño como humanos estirar la mano y llevar a la boca lo que está a nuestro alcance. Es instinto ancestral, se comía lo que estaba al alcance de las manos y cuando ya se saciaba el hambre se comía frutas (dulce natural).

Generalmente en la fiesta se come y se bebe lo que no sacia y entran al organismo sustancias que tocan el botón cerebral del placer y el de "quiero más". Por eso falla la voluntad, porque una vez que metemos sustancias que causan adicción, ya el medio interno cambia, cambian las hormonas, cambia el metabolismo y se da la orden de seguir comiendo y bebiendo "ESO".

ESO que NO llena, ESO que tiene azúcar, ESO que tiene alcohol, ESO que sabe delicioso, ESO que se derrite en la boca, ESO que genera alta secreción de saliva.

En la fiesta estamos como en una marea agitada, necesitamos de constante suministro de sustancias como combustible para seguir farreando. Sino, nos venimos abajo.

Comemos sin parar, dulce – salado, salado – dulce, copita de champagne, copita de vino, cerveza y más cerveza y vuelta a comer.

Cada vez que se come y luego se bebe algún líquido se limpia el paladar. Es lo peor que podemos hacer, porque al limpiar el paladar queremos volver a comer. Esta estrategia para que comas más, se implementan en algunos locales de comida rápida donde te dejan recargar las sodas las veces que quieras. ¡Ya lo pillaste! Es su objetivo limpiar tu paladar y que vuelvas a ordenar otro combo. ¿Caíste alguna vez en esta trampa? ¡Claro! Luego de beber gratis pides otro combo pago, negocio para ellos y nosotras engordamos, pero creemos que aprovechamos la promo de beber gratis. Trucos de la industria alimentaria que deberíamos de dominar.

La Fiesta es necesaria, no se puede vivir a dieta y a ayuno, se necesita de un permitido, de un gustito. Comer de por sí, es un acto placentero. Y si comemos algo que nos encanta, el placer es el doble (o el triple). ¿Cómo podríamos vivir privándonos del placer de comer o beberlo que nos gusta para siempre? No es posible. O al menos es lo que he podido deducir de mi propia experiencia y de lo que me han contado los miles de pacientes a los que he atendido en estos 23 años de carrera como Nutricionista.

Desconozco porqué en la Universidad nos enseñan únicamente Dietoterapia que significa Terapia con la Dieta y no a cómo disfrutar de la Etapa de Fiesta. A esta etapa los mismos profesionales le tememos, tenemos miedo de caer en la ☐esta y de no poder volver a nuestro peso. Muchos profesionales de la salud están excedidos de peso, ni su propio método les funciona. Y es que no es fácil, porque nadie, ni en la Universidad ni en los postgrados, diplomados y masterados nos enseñan a cómo volver a nuestras Bases luego de perder la voluntad y darnos el permitido. Y por lo tanto tampoco sabemos qué decir al paciente cuando cae en ese momento.

Pero caer en el festín NO es tu culpa, hay toda una marea (sistema) que te arrastra mar adentro y como TODOS están allí, cómo es "normal" dejarse llevar por la corriente, te acostumbras y no te sientes fuera de lugar, terminas acomodándote y creyendo que así nomás es la vida.

Aunque cómoda no te gustas, por eso estás leyendo este libro. Ya no quieres que te lleve la corriente sino que estás dispuesta a surfear las olas y a mantenerte lo más posible en la cresta de la misma, aunque eso implique un proceso diferente que nunca lo habías probado.

Cuando estamos de Fiesta decididamente no estamos en nuestro mejor momento. Cuando nos estamos atiborrando de bocadillos, con tallarines, dulces y alcohol no nos sentimos bien. ¡Alguien lo tenía que decir y se ha dicho!

El primero y el segundo bocado del pastel es delicioso y la primera copa de vino... lo que viene después es un desastre.

Viene el hartazgo, cuando ya no podemos meter más, seguido del reflujo, de la quemazón en el estómago, la diarrea o el estreñimiento, el dolor de cabeza, lahinchazón (sentimos que el vestido nos explota). Y al día siguiente nos sentimos fatal, guarda si ese día es un día para resolver cosas o cerrar negocios, la cabeza piensa como a leña mojada.

Estamos en des - equilibrio, comimos más de lo que comíamos habitualmente, comimos diferente a nuestra rutina alimentaria, comimos y bebimos tarde en la noche, totalmente fuera del esquema de ayuno nocturno que estábamos acostumbradas.

No estamos en equilibrio
No estamos en orden
No estamos en la cresta de la ola

¡Estamos de Fiesta!

¿Te imaginas estar en la Etapa 1 espléndida, fit, en orden yendo a una fiesta y no comiendo ni bebiendo nada?

Mmmm ...

¿Te imaginas ir a una fiesta y porcionarte en tu pasta preferida y en el helado de chocolate?

No lo sé... ¿quieres estar medida y ordenada en una fiesta?

Creo que la Etapa de Fiesta es Fiesta.

La Etapa 2 de Fiesta es un premio a la Etapa 1. Si yo te dijera que hicieras un cambio y no te diera un premio, ¿Cuál sería tu incentivo? Es cierto que la ropa te quedará mejor, es cierto que llegarás más rápido a tu objetivo, es cierto que reforzarás tu auto control si no te vas de fiesta o si vas a la fiesta y te controlas... ¿pero por cuánto tiempo? Este Método es como una carrera de maratón y no un simple sprint, tenemos una Meta y no solamente un Objetivo. Quiero que dures en tu proceso y te diviertas también. ¿Cuántas veces intentaste perder peso y te fue una tortura el camino?

Te conozco como a mí misma y déjame decirte que te mereces una Fiesta, y te digo nuevamente: la vida tiene que oscilar entre el ayuno y el festín, así fue siempre.

Ya te escucho decir: "Caro, siempre nos dijeron que no se premia con comida" sí, ya lo sé. Yo misma lo repetía a mis pacientes, pero igual se comían todo en la fiesta, sin importar su diabetes, su sobrepeso, su presión alta y menos mis consejos.

Porque no se trata de algo racional, nadie quiere estar con sobrepeso. Y tampoco nadie deja de valorar todos los kilos que bajó cuando se está devorando el pastel en una fiesta. No se trata de no valorar, no se trata de ser inconsciente con la enfermedad que una tiene. Es que no se puede vivir a dieta y ayuno, ¡no se puede! Punto.

Así que disfruta la caída de tu ola, cae con todo, ríete de ti misma, diviértete, disfruta, sácale todo el placer posible. Porque sabes que después de la caída nace otra ola, a la que subirás para volver a tu equilibrio.

A veces necesitamos caer de la ola para agarrar otra ola más grande.

Etapa 3: Mantenimiento y Disciplina

Esta sí es la etapa donde la mayoría abandona, y las razones son:

-❼ Desconocimiento: solo le hablaron de la dieta, de la Etapa 1 y llega a su peso ideal y no sabe cómo seguir. Si sigue en la dieta sigue perdiendo peso y si sale de la dieta entonces ¿qué come? Y vuelve a su rutina anterior, a sus hábitos anteriores y vuelve a recuperar todo el peso nuevamente. Algunas recuperan su peso lentamente y otras lo hacen al día siguiente de soltar la dieta.

❼ Otras se pierden para siempre en la Etapa de la Fiesta: es la que va de fiesta en fiesta: como cuando te caes dela ola y apenas sacás la cabeza y viene otra ola y te envuelve y terminas arrastrada hasta la orilla totalmente despeinada y con el bikini por el cuello.

Esta es la etapa en la que hay que crear tu nueva Identidad. Tienes que SER y no solo PARECER.

A ver, ¿Cómo SER y no PARECER?

Te explico, cuando inicias una dieta intentas parecerte a una flaca, tratas de comer como comería la versión flacade ti misma. Pero si simplemente la copias por 30 días y ya luego vuelves a tu "yo normal", estuviste fingiendo nada más, quisiste comportarte como una flaca pero ya volvió la gordita a hablarte al oído y a pedirte ir de ☐esta yte tiras al mar sin pensar.

Hacer un cambio en la alimentación solo por un tiempo no vale la pena, y ya te habrás dado cuenta, ¿No estás cansada de PARECER? ¿No te gustaría SER disciplinada? Estoy segura que tu respuesta es Sí y Sí.

Si no cambias tu manera de ser, tu identidad, nada cambia.

Para cumplir con las 3 Etapas con éxito tienes que desarrollar habilidades, pensamientos y poder realizar acciones que te entrenen. Recuerda: sin repetición no hay rutina, si no hay rutina NO hay Disciplina.

Para SER y no solo PARECER, para lograr subir y bajar de la ola y pasar de la Etapa 1 a la 2 y a la 3 necesitas dominar El Método MAR² y adquirir los conocimientos que te llevarán a balancearte panza arriba flotando en el MARde la vida.

Necesitas de una Mentalidad adecuada con una Meta a prueba de balas, para tomar Acción masiva con la Actitud Positiva que te permita Repetir y repetir Rutinas exitosas.

¿Qué es esto del Método MAR²? Es un acrónimo donde cada letra tiene importancia radical. Lee bien cada una de lo que representa MAR² y luego en cada capítulo te cuento cómo aplicar esto a tu camino de transformación.

Mentalidad:
Es el conjunto de creencias y costumbres que determinan tu forma de pensar y de actuar. Si no crees que puedes llegar a SER tu avatar de Flaca difícilmente lo puedas conseguir.

Meta:
Es la sumatoria de objetivos que te vas proponiendo, con un plazo largo y real que te va a permitir acercarte a tu proyecto final. Si no sabes a dónde vas, terminarás perdida en el medio del mar.

Acción:
Lo que hay que hacer. Moverse hacia su meta.

Los cambios que necesitas hacer en tu alimentación, en tus horarios de comida, en el ejercicio físico, el sueño y descanso.

Actitud:
No se puede elegir lo que nos sucede, pero sí todos podemos elegir la actitud o manera en la que enfrentamos lo que nos pasa.
Si sigues con tu misma actitud negativa y te sigues tratando mal, ¿Cómo piensas que tu cuerpo te va a responder positivamente?

Repetir:
Volver a hacerlo, una y otra vez, día a día. Hasta que se convierta en tu forma de SER.
Clarísimo.

Rutina:
Realizar las acciones en automático. Que no tengas que pensar, que te salgan del alma, que fluyas, que no tengas que forzar nada.

Ahora que ya sabes y conoces la forma de SER de tu avatar de flaca, medida y disciplinada, que sabe cómo surfear hasta en aguas turbulentas, pasa a entrenarte en cada uno de los pasos de Método MAR².

¿Te tiene sentido lo que estás leyendo y te hace ruido al oído?

Sí, verdad…Entonces sigue…

Capítulo 4

Mentalidad

Lo primero es lo primero y es desarrollar una mentalidad adecuada si quieres transformarte a tu mejor versión y que no solamente este orientada a perder peso. Para que puedas subirte a la ola y bailar allí arriba tienes que, por sobretodo, creértela.

¿Sabías que tu mente no distingue entre realidad y un pensamiento imaginario? Si piensas que vas a lograr perder peso y alcanzar una figura de infarto lo puedes conseguir, visualizándote y creyéndotela. Si no te lo crees, menos tu cuerpo te va a responder y tu mente no te empujará a conseguirlo. Puedes crear tu realidad y vivir como si ya estuvieras en tu peso ideal, esto significa que vivas como Tu avatar flaca desde el día 1.

Tu estado mental debe de ser de convicción y no simplemente de deseo, ir a por ello cueste lo que cueste. Todas tenemos creencias que nos limitan a alcanzar lo que queremos para nuestras vidas y éstas son las que determinan la forma que tenemos de actuar. Actuamos según lo que creemos.

Si en este momento tu mentalidad es de "no lo voy a conseguir porque siempre que hago dieta termino rompiéndola el fin de semana con un chocolate" y así pretendes perder peso y lograr mantenerlo, el resultado no será otro fracaso, sino un simple resultado.

Porque, al fin y al cabo, los fracasos no existen, solo existen resultados.

Si siempre intentas perder peso de la misma manera, con las mismas dietas, con la misma mentalidad, pensando únicamente que la tortura del cambio de alimentación durará solo un tiempo determinado y que luego volverás a tus comidas habituales, definitivamente ESO no se considera fracaso sino el resultado de lo que estás haciendo.

Sabemos que la mentalidad es el conjunto de creencias y costumbres que determinan tu forma de pensar y de actuar.

Lo que sería bueno que sepas es que la mente está programada para ayudarnos a sobrevivir y no para prosperar. Entendiendo esto, es fundamental que te conozcas, que sepas quien eres, cuáles son tus disparadores, esos que te llevan a comer lo que no te da el resultado que estás persiguiendo. Esto te va a ayudar a conocer cuáles son esos pensamientos que te llegan en esos momentos y que son los que te imposibilitan a perder peso y a partir de allí tirar al piso esas creencias y pensamientos para que puedas pensar y actuar diferente.

¿Cuántas veces comes cuando estás estresada o cuando tuviste un mal día en el trabajo o cuando te peleaste con tus hijos? ¿Y terminas abriendo un paquete de chocolates y comiéndolo entero?

Recuerda: la mente no está diseñada para hacerte progresar y menos para hacerte adelgazar. Hay que cuidar lo que entra a la mente todos los días. Si nos dejamos llevar solo por nuestra mente no entrenada estaríamos tiradas en un sofá viendo netflix y comiendo palomitas.

Mi cuerpo sanó cuando solté las creencias acerca de la alimentación, dejé de creer en las dietas hipocalóricas que estudié en mi Carrera de Nutrición, cuando entendí que si seguía comiendo de esa manera toda mi vida, viviría en un cuerpo enfermo y envejecido. Cuando dejé de escucharle a esa voz que me decía que un dulcecito no me haría daño, ya estaba muy dañada para seguir escuchándola.

Porque al final, una no se conforma con una versión descafeinada suya, adelgazar a base de esfuerzo para durar solo días en esa versión.

Atormenta el miedo del famoso efecto rebote que aparece y una recupera todo el peso nuevamente, se haya hechola dieta que sea. Con todas se vuelve al peso de antes si se deja de hacer lo que se venía haciendo. El cuerpo note compra tu actuación, no puedes fingir ser Flaca.

Debes de superar el automatismo, ese que está engranado a tus creencias limitantes, la que te dice que tequedes en tu zona de confort, haciendo lo de siempre, comiendo como siempre, prefiriendo la cama al gimnasio. La que te da argumentos automáticos para que sobrevivas y no para que brilles.

Cambiar lo que crees es fundamental para convertirte en tu YO poderoso, sexy y con energía.

Reto 1

Hazle una entrevista a tu gordita interior. Pregúntale cómo hace para boicotear tu propósito de adelgazar y vivir en el cuerpo fit que te mereces. Anota qué te dice y la próxima vez que escuches esa voz en tu cabeza y que sabes de dónde viene, lo que debes de hacer es simplemente "bajarle el volumen" y hasta puedes visualizar a tu YO gordita hablándote cada vez con un volumen másreducido hasta que al final solo la ves moviendo sus labios pero ya no la oyes. Ahí es cuando la puedes hacer explotar. ¡PUMMM! Dile adiós para siempre.

_____
_____
_____
_____
_____
_____
_____
_____

Describe cómo es tu avatar flaca y cómo se comporta

	Tu Avatar de Flaca
¿Cómo es físicamente?	
¿Cómo se viste?	
¿Qué come?	
¿Qué bebe?	
¿Qué Ejercicios Físicos le gusta hacer?	
¿Cómo se comporta cuando va a un evento y hay comida?	
¿Cuáles son sus hobbies?	
¿Cómo es su día?	
¿Cómo es su estado de ánimo?	
¿Es feliz?	

Caro Tovar: www.carotovar.com

Capítulo 5

Meta

Define exactamente a dónde quieres ir, no puedes seguir moviéndote a la deriva, en automático dando los mismos pasos dirigiéndote a un lugar donde NO quieres estar. A quien le gusta verse al espejo y descubrir otro rollo más, flaccidez en la espalda, el abdomen distendido, a nadie ¿y entonces por qué estás así como no te gusta estar?

Yo sé que cuantos más kilos tienes más dolor sufres, no conozco a una mujer que se encuentre con obesidad y se sienta saludable y con energía. Ya es hora de dejar de ir por la vida desorientada y dejando que las cosas solo te sucedan sin que te las proponga.

No te hablo simplemente de proponerte el objetivo de Perder peso, porque el objetivo tiene un plazo muy corto. Un objetivo puede significar cenar una noche un soufflé de verduras porque se ha comido demasiado durante el día o comer más liviano en la semana antes de un evento donde se quiere lucir un vestido nuevo. ¿Cuántas hacen esto? Son solo patadas de ahogada, estos pequeños objetivos no solucionan el gran problema que no te deja estar en tu peso ideal ni en el que te sientes con energía ymenos el peso en el que te veas espectacular y fit.

¡NO!, máximo te ayudará a no seguir inflamándote por unos momentos. Para que se dé el desenlace que una busca debe de ponerse una Meta a largo plazo.

Una Meta es una sumatoria de objetivos que te van llevando al lugar que quieres llegar paso a paso.

En mi caso me propuse comer de una manera que pueda sostenerla en el tiempo y mantener ese peso plumita y fit que me encanta.

¿Cuántas de ustedes hizo una dieta que apenas la aguantaron un mes? Se necesita de una meta a largo plazo, basta de dietas insostenibles, de hambrunas, que enlentecen el metabolismo y te obliga cada vez a comer menos, perdiendo masa muscular en el proceso.

Para poder cumplir mi meta, necesitaba que ese plan no me matase de hambre, quería olvidarme de la ansiedad por comer dulces, y por supuesto, sin síntomas de enfermedad y me marqué un plazo de un año para conseguirlo.

Mi meta era ambiciosa por lo tanto necesitaba de tiempo para ir cumpliendo los objetivos. Esos objetivos se iban cumpliendo día a día y cada día me acercaban a mi sueño.

Tener una meta te obliga a reponerte de un evento en que te pudiste comer algo demás, de unas vacaciones en la que incluiste muchos dulces.

Porque estás convencida de que llegarás, porque vale la pena el lugar a donde te diriges. Y también te ayuda a disfrutar del proceso.

Te pusiste a pensar qué fácil puede resultar cumplir los objetivos si es que tenemos una meta definida en un plazo real, que te permita eficientemente acercarte a tu proyecto.

No te conformes con nada menor a lo que te mereces, apunta tu flecha bien alto, cumple tu sueño de habitar en el cuerpo que merece la pena vivir con la energía y la salud a tope. ¡Es posible!

La que no tiene un proyecto es esclava de la inmediatez y de las gratificaciones instantáneas, necesitas de una brújula que guíe tu nueva forma de ser.

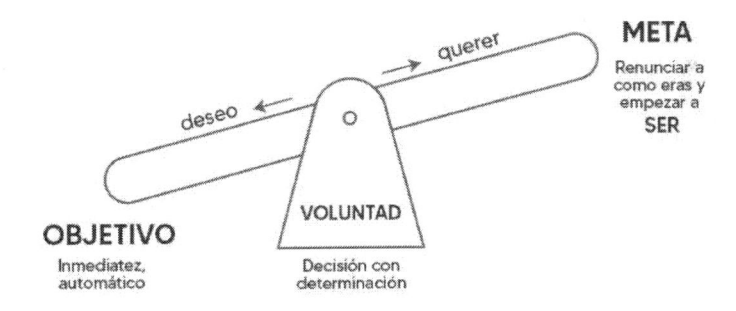

META
Renunciar a como eras y empezar a **SER**

OBJETIVO
Inmediatez, automático

VOLUNTAD
Decisión con determinación

Reto 2

Describe con detalle cómo quieres que se vea tu cuerpo (sé ambiciosa, apunta alto), cómo quieres sentirte en ese cuerpo perfecto para ti (siéntelo y descríbelo).

_____
_____
_____
_____
_____

Ahora visualízate en 1 año de esa manera y responde: ¿cómo sería tu vida en el cuerpo soñado? ¿Qué harías, cómo te vestirías, con quien saldrías, a qué lugares frecuentarías, te ves más exitosa?

_____
_____
_____
_____

Si realizas un solo cambio en un año podrás estar en el lugar que quieres. Si sigues sin accionar y en automático seguirás a la deriva. Luego no te quejes de los resultados que obtienes.

Capítulo 6

Acción

La acción crea sentimientos, por eso actúa, muévete hacia tu meta y verás lo bien que te sientes contigo misma y cómo ese sentimiento te empodera. Dejas de excusarte, de darte la palmadita en la espalda y VAS a por ello.

Es pasar a hacer lo que hay que hacer.

Pero para accionar con dirección prepara un plan, un conjunto de pasos que dándolos te llevarán por el camino progresando hacia tu meta. Un super plan de alimentación que cambiará tu vida.

Te contaré el PLAN de alimentación que llevé a cabo para recuperar mi salud, mi cuerpo fit y disfrutar de energía ilimitada para que lo modeles y también obtengas los resultados que buscas.

Es el PLAN que lo han hecho mis pacientes, que lo han replicado cientos de mujeres iguales a ti y han conseguido los mismos resultados positivos que estoy segura te funcionarán también.

Es una forma de alimentación y no una simple dieta que te permite perder peso a expensas de la reserva de grasa corporal pero sin que tu cuerpo se desespere y accione los mecanismos de STOP y sin que el metabolismo se enlentezca.

¿Cuánto tiempo se necesita para aprender esta nueva forma de comer? Algunos expertos dicen que se necesitan 20 horas para aprender una nueva habilidad, me parece las horas perfectas para que una persona se eduque, aprenda a conocerse y elabore el plan que va a seguir. Es el tiempo justo que te llevará leer este libro y completar los Retos.

Acciones simples que te darán grandes resultados sintener que hipotecar largas horas en tu cocina ni morir de hambre en el camino.

20 horas para:

1) Diseña tu alimentación

La alimentación debe de basarse en alimentos reales, alimentos que ofrece la naturaleza. Al menos el 80% de tus compras en el mercado deben provenir de estos alimentos.

Carne de res, de gallina, pavo, cerdo (o carne de otros animales que formen parte de tu costumbre alimentaria) que provengan de granjas, animales que se alimentaron libremente, de pastura, que se movieron bajo el sol. Porque tendrán los mejores nutrientes, no solo pensaremos en las proteínas de alto valor biológico que aportan sino también la buenísima calidad de su grasa como fuente de omega 3. Incluimos aquí también el huesopara preparar un riquísimo caldo de hueso alto en colágeno y restaurador de la pared intestinal, hasta las vísceras, comida ancestral en muchísimas culturas.

Pescados: aquí te recomiendo descartar de tu lista de compras a los peces de criaderos y aquellos peces muy grandes que acumulan mercurio. Elije pescados de tu zona, de tamaño pequeño y no olvides a los pescados azules.

Huevos: de codorniz, de gallina (y come su yema y clara juntas)

Vegetales: todos

Frutas y bayas: elija las que impacten menos en tu glucemia y en tu hormona insulina como son las fresas, cerezas, arándanos, frambuesas, moras, limón, ananá (y disfrútalas enteras NO en jugos), aguacate, aceituna. Comerlas en temporada y si es posible tener al menos una planta frutal en tu jardín.

Semillas: de calabaza, de chia, lino, sésamo, girasol.

Frutos secos: nueces de macadamia, almendras, avellanas, castañas de cayú.

Puede incluir algunos productos procesados como:
- aceite de oliva y coco
- Harina de almendras, coco, semillas

Si al menos el 80% de la alimentación recomendamos que provenga de fuentes alimenticias naturales,

¿Qué elegimos en el 20% restante? Elije otros alimentos que no se haya incluido en la lista y tus productos preferidos, como:

- quesos duros
- manteca o mantequilla o ghee
- tubérculos: papa, zanahoria, batata, mandioca.
- Cereales: arroz, avena, quinoa.
- Legumbres: porotos, lentejas.
- Chocolate negro

2) Aprende a elaborar tus menús semanales

Escribe lo qué vas a comer en cada toma, diseña tu menú semanal con 3 comidas al día. Y anota los ingredientes, considera si habrán otras personas que comerán contigo y calcula bien las cantidades. Que sean abundantes como para saciar, nada de porciones pequeñitas y de hambre.

Mis pacientes del programa El Reto 30, basado en la dieta keto, aprenden a cocinar de manera rápida sus menús de toda la semana en 90 minutos y eso les ahorra muchísimo tiempo y se aseguran de contar con todas sus tomas ordenadas por día. ¡Imposible fallar!

3) Domina cómo realizar tu lista de compras de manera efectiva

Escribe en una planilla la lista de alimentos que incluiste en tus menúes.

Y agrega las cantidades que necesitas para la semana.

Así vas a realizar las compras con tu propia guía.

Te recomiendo que tengas proveedores que te vayan trayendo tus alimentos como por ejemplo las carnes orgánicas, los huevos, las frutas y verduras. Aunque para empezar puedes recurrir a tus lugares y proveedores habituales hasta que te vayas organizando mejor.

Recuerda que tienes una meta a largo plazo, esto es algo más parecido a un maratón que a una carrera de 100 metros. No desesperes si sientes que no estás cumpliendo al 100% porque no se trata de fingir sino de ser. Lo estás haciendo bien, ¡Sigue!

4) Adapta tu alimentación a tu reloj biológico y al ritmo circadiano

Todos tenemos un reloj biológico que nos marca el ritmo de vida y está 100% sincronizado a la Tierra. ¿Cómo funciona? Te explico, cada órgano del cuerpo tiene un reloj que determina las horas en las que va a secretar hormonas, hora en la que debe de desintoxicarse, horas de renovación celular, etc. y están sincronizados de una manera perfecta.

Horas antes de que salga el sol, el organismo se prepara para despertar y comienza lentamente a secretar hormonas para que el hígado libere glucosa, que es la energía necesaria para levantarte y que la usarás para moverte de la cama.

También las glándulas suprarrenales secretan adrenalina y cortisol (la famosa hormona del estrés) poco a poco, y cuando finalmente amanece, abrimos los ojos y nos queremos mover, inducidos por toda esta cascada hormonal. Y a medida nos vamos moviendo, empezamos a tener hambre.

Las hormonas se secretan por ráfagas, cumplen su función y luego disminuyen. Así la insulina se va a secretar cada vez que comemos y en mayor cantidad con los alimentos que contienen carbohidratos (los que seconvierten en el organismo rápidamente en glucosa como las frutas y verduras), en una menor proporción ante la presencia de proteínas (carnes y huevos) y casi nula en elcaso de que el alimento contenga grasa (aceite y sebo).

Para que al llegar a la tardecita, la insulina alcance su pico más alto a las 8 pm (mejor ya no comer luego de esta hora) y vaya disminuyendo para dar paso a las hormonas del sueño como la melatonina. Todo perfectamente sincronizado. Más adelante inicia el proceso de desintoxicación y regeneración celular en todos losórganos del cuerpo con aumento de la hormona de crecimiento y la IGF1 así se restauran nuestros músculosy se destruyen células dañadas para generar nuevas. Una máquina perfecta y alineada a la Tierra y a sus ritmos del día y la noche.

¿Qué sucede con la vida moderna? Desajusta totalmente este reloj perfecto ¿Cómo la desajusta?

Cuando comemos desde que abrimos los ojos, ya no nos movemos primero para buscar, cazar o trepar en búsqueda de los alimentos pues los tenemos en el refrigerador. Lo que comemos son más bien productos ultra procesados que tienen sustancias que perjudican a nuestra microbiota intestinal, que a la vez afecta al sistema inmunológico que nos lleva a enfermar (enfermedades inducidas por inflamación de bajo grado) y al cenar tarde en la noche desajustamos el inicio de la limpieza y restauración de las células del cuerpo.

Así nos acostamos pesados, el sistema sigue digiriendo lo que se llevó a la boca en las horas de la noche y no puede activar las hormonas del sueño. Mucha gente sufre de insomnio por esta razón y se introduce en un bucle, sin dormir bien y con un sistema digestivo que sigue activo de noche. Todo esto hace que se desajusten todas las hormonas y al final el resultado es que terminan secretándose en momentos en los que no deberían de estar allí, como el cortisol que queda elevado de manera crónica llevando al famoso estrés o la insulina elevada todo el día lo que lleva a la diabetes.

Espero que esto te tenga sentido, porque no es invento mío, es ciencia pura y espero que esta información te sirva para accionar a conductas que te lleven a volver a sincronizarte con tu ritmo circadiano.

Sabes que a través de este funcionamiento, el organismo predice lo que va a pasar (alostasis significa adelantarse, prepararse) así funcionan las hormonas del amanecer prediciendo los cambios que van a suceder al levantarnos y lo mismo durante el día y la preparación para la reparación nocturna.

¿Tu reloj biológico está alineado a el ritmo circadiano? ¿O comes antes de moverte y cenas muy tarde en la noche?

¿Cómo te vuelves a sincronizar? Comienza el día abriendo los ojos lentamente temprano en la mañana, desperézate en la cama unos minutos. Sin mirar la tecnología (cómprate un reloj si quieres saber la hora) camina sobre césped si puedes, abraza por unos minutos un árbol y respira, agradece y visualiza tu día perfecto describiendo cómo será y qué harás para conseguir un día de éxito. A todo esto se le llama meditación, agradecimiento y visualización, haz tu rutina de la mañana y verás que tu vida empieza a cambiar. Muévete, en tu casa o yendo a un parque a caminar o al gimnasio y solo recién después de realizar estas rutinas rompe tu ayuno comiendo un Des-Ayuno.

Luego vas al trabajo o lo que hagas en la mañana y tomas tu comida siguiendo los menús que te gustan y con los ingredientes listos porque te has organizado para que así sea, almuerzas perfecto.

Sigue tu día haciendo tus tareas de la tarde y antes de que anochezca (si eso es posible según tus actividades) o máximo antes de las 8 pm, te comes tu última comida.

Puedes empezar con este esquema y luego si quieres puedes progresar a esquemas de ayuno intermitente más potentes.

Cuantas más horas de ayuno tengas, más resultados increíbles notarás en tu peso, en tu metabolismo y en tu rejuvenecimiento.

Con los participantes del programa Efecto Platón marcamos en un esquema parecido al que te muestro aquí abajo, cuántas comidas realizarán en el día, en qué horario y en qué momento se romperá el ayuno y también la hora de la última comida. ¡Úsalo!

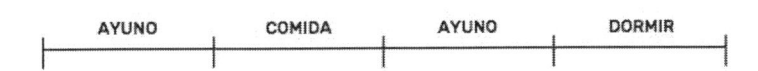

AYUNO	COMIDA	AYUNO	DORMIR

5) Entiende cómo y cuándo moverte

Programa tus ejercicios físicos

Evolucionamos moviéndonos en ayunas, nuestros antepasados se despertaban con la luz del sol y la descarga hormonal que induce al movimiento. Es así, que con el movimiento se genera el hambre, para saciarla debíamos correr, trepar o pescar para comer motivados por el hambre verdadero.

No te asustes, ¡pero SI! te estoy invitando a que te muevas en ayunas, sin nadita en el estómago. Bueno, si quieres te tomas una infusión (un café negro, té o agua con limón) sin agregado de leche, ni crema ni endulzantes.

Puedes empezar con 10 minutos de ejercicios e ir progresando a medida tu cuerpo vaya aprendiendo nuevamente a utilizar la grasa corporal como fuente de energía y obtengas la energía necesaria para seguir sosteniendo el ejercicio y mejorando tu perfomance, tu resistencia y tu fuerza. Otra meta que puedes proponerte.

No te diré qué ejercicios físicos hacer porque no soy experta aunque entreno desde los 11 años. Solo te dejaré algunos datos para que trabajes con tu profe de gym.

* Si quieres perder peso más rápido realiza ejerciciosfísicos de fuerza.

Al menos con 12 horas de ayuno.

Puedes inscribirte a un gimnasio y con la guía de un instructor calificado inicias tus ejercicios de a poco.
Si lo haces de esta manera tus músculos usarán su energía guardada en forma de glucógeno muscular y luego usará la grasa intramuscular. El uso de esta grasa es un acelerador de la quema de grasa de las reservas deotros sitios (fuera del músculo) cuando el organismo se recupera del ejercicio.

Otra ventaja es que aumenta la sensibilidad a la insulina y hay un aumento en el % de masa magra.

* Si el ayuno es de 16 horas:

Tendrás más lugares de quema de grasa que te van a dar la energía que necesitas para entrenar.

Puedes implementar ejercicios físicos de intervalos mientras estés en ayunas para acelerar la velocidad metabólica. Otro truco que lo puedes hablar con tu profe de gym.

Ejercicios físicos a intervalos: son pequeños períodos de tiempo de ejercicios muy intensos y pequeños períodos de tiempo de descanso.

Ejemplo: 30 – 60 segundos Ejercicios Físicos y 30-60 segundos de descanso (5 o 6 repeticiones de cada uno).

6) Conoce las bebidas que te hacen bien y en qué momento del día tomarlas, así sean las bebidas de hidratación o las que contienen alcohol.

El agua es la bebida ideal por excelencia, sin embargo no cualquier líquido que parece agua es la ideal. El ser humano ha bebido agua estructurada, agua viva siempre, que no es la misma que sale del grifo.

Lo primero que debes de considerar es que bebas agua filtrada, para evitar minerales en especial flúor, cloro y otras sustancias que afectan a la microbiota intestinal y que vienen con el agua del grifo.

El agua de río, de manantiales, de la lluvia era el agua viva que bebieron nuestros antepasados que incluso tomaban agua de mar (excelente fuente de agua viva, si quieres probarla bebe diluida con ¾ de agua dulce).

Agua macerada, agua que hayas puesto en un cántaro, que la hayas dejado bajo el sol o el agua incluida de las frutas y verduras.

¿Cuándo beber agua viva? Siempre que tengas sed.

¿Cuánta cantidad de agua necesitas? La que guía tu sed, si comes alimentos naturales ya incluyes el agua viva y estructurada de carnes y plantas, probablemente ya necesitarás de muy poca agua extra. Al contrario, si tu alimentación es alta en productos ultra procesados, necesitarás muchísima agua encima.

Las infusiones como el té o el café pueden alegrar tus días y puede brindarte algunos beneficios. Uno de ellos esbeber café en ayunas antes del ejercicio que moviliza con más rapidez las reservas de grasas o té verde que aporte antioxidantes.

Hay una teoría muy nueva que apunta a que acumulamos grasa corporal para guardar agua.

Es decir: que la deshidratación lleva a aumentar las reservas de grasa corporal, así que ¡OJO! La hidratación es fundamental.

¿Toma s bebidas con alcohol? Esta suele ser unapregunta que te la hacen los médicos y una responde mintiendo descaradamente. "Sí socialmente" ¿Unacopa? ¿Una raya?

Te puedo dar una tabla de cuantas calorías tienen las bebidas con alcohol más consumidas pero sé que no te servirá de mucho esa información, porque nadie toma ni se mide en cantidad una bebida con alcohol según las calorías que tenga. Y menos elije una bebida que no le agrada porque tiene menos calorías que otra. Además ya sabes que contar calorías no sirve de mucho.

Difícilmente una persona que está con exceso de peso sea una persona que beba alcohol de manera moderada.

Tampoco tomamos bebidas con alcohol por sus posibles beneficios sobre la salud y longevidad, pero si este fuera tu caso, te recomendaría el vino tinto orgánico.

Muchas personas que se exceden con las bebidas con alcohol están buscando estimularse y "parecer" felices por un período de tiempo. Pero luego esto se convierte en necesidad, una necesidad que viene de adentro, y no precisamente desde el cerebro, desde la razón, sino desde los intestinos. No en balde se dice que el intestino es el segundo cerebro, donde se forman neurotransmisores que van a dar aviso a receptores cerebrales que una "está feliz". Cada vez ese intestino sucio y en des – equilibrio necesita de más dosis para formar las hormonas dopamina y serotonina conocidas como las hormonas de la felicidad y recompensa. Cuesta mucho medirse, lo sé por experiencia propia también. Pero te quiero dar soluciones, sigue leyendo…

Si vas a beber porque así lo decidiste, elige beber en las ventanas de comida, nunca en ayunas. Y siempre antes de la comida, una vez que comes ya no bebas. ¿Se entiende? No limpies tu paladar porque es la invitación para excederse.

Después de describirte lo que tienes que HACER (Acción) te pregunto: ¿Te parecen pocas 20 horas para aprender el paso a paso para Perder Peso y Transformarte en tu mejor versión? ¡Menos de las horas que tiene un día!

Parece imposible pero no lo es, y porqué te digo esto, porque cientos de mis pacientes lo hicieron y también lo puedes conseguir.

Reto 3

Arma tu propio menú semanal, tu lista de las compras, tus proveedores de alimentos y averigua filtros de agua para tu casa. Aquí te dejo algunas planillas para que las utilices.

El Método MAR²: Para Perder Peso

	Lunes	Martes	Miércoles	Jueves	Viernes	Sábado	Domingo
Des-Ayuno							
Comida							
Cena							

LISTA DE LAS COMPRAS

Alimento	Cantidad	Alimento	Cantidad	Alimento	Cantidad
Frutas y Verduras		**Lácteos**		**Semillas y harinas**	
Ajo		Queso parmesano		Harina semilla	
Espinaca				Semilla calabaza	
Lechuga		**Legumbres**		Semilla chia	
Rúcula		Poroto			
Locote					
		Carnes, pescado y Huevo		**Condimentos**	
Brócoli		Hueso de una gallina		Pimienta	
Cebolla		Rabadilla		Café / té	
Cebollita de hoja		Sardinas		Orégano	
Tomate		Patas de pollo		sal marina	
Acelga		Carne molida		curry	
Zuccini		Panceta		Albahaca	
Aceituna		Huevo		Mostaza	
Repollo				Vinagre	
Aguacate				Perejil	
Pomelo		**Grasa**			
Limón		Manteca			
Frutilla		Grasa cerdo			
		Aceite coco			
Tubérculos		Aceite oliva			
Papa					
Batata					
Mandioca					

Capítulo 7

Actitud

Vive con una actitud positiva.

Todas escuchamos a esa voz en nuestra cabeza que va comentándonos nuestra vida, y esa voz no se calla nunca. Es como que todo el día estuviera cuchicheando y nos dice cosas como lo fea que somos, lo gorda que nos pusimos con la llegada de los 30 o 40 o 50 años o lo horrenda que estamos cuando nos vemos al espejo: "en qué momento me salieron estos pelos..." Los hombres se miran al espejo y se adulan, hasta se dicen que la pancita los deja sexys y que sus canas los vuelven interesantes. Necesitamos adoptar esa actitud positiva y estoy segura que lo puedes lograr.

Adoptar una actitud de ganadora es dar pequeños pasos que te posicionen en el estado de ánimo correcto, para poder percibir la realidad con mejores ojos y obtener el resultado que buscas.

Sería bueno que entiendas que todos los recuerdos que guardas tienen un componente emocional, recordamoscon detalles eventos que nos sucedieron con lujo de detalles. Las emociones son las respuestas que ofrece el cuerpo ante lo que sentís, ante lo que te ocurre y lo que piensas.

Algo que siempre les recomiendo a mis pacientes es que expresen sus emociones, porque las que anulan o se las guardan terminan enfermando. Recuerdo una vez que no me sentía cómoda participando como nutricionista en un reality show con personas que presentaban obesidad grave que se emitía por Tv y llegué al punto de no poder hablar porque tosía y tosía. Apenas dejé el programa me curé como por arte de magia, ¿Te sucedió alguna vezalgo parecido?

Una actitud positiva la consigues vistiendo unas gafas especiales para interpretar el mundo y verlo de una manera linda y optimista. Esto va a determinar, al ☐n y al cabo, tu estado de ánimo y así podrás cambiar a una actitud adecuada que es la que te llevará a ver posible tu cambio de alimentación y disfrutar del proceso.

Esto es importantísimo, cuánta gente se pone a hacer una dieta a lo bestia, se presiona para cumplirla, se siente torturada, de mal humor pero se dice: "Para ser bella hay que sufrir".

No, no, te aseguro que con el Método MAR² puedes perder peso usando tus reservas de grasa, desinflamando el organismo sin tanto sufrimiento y lo mejor de todo, que es para siempre porque trabajas desde lo más profundo, cambiando tu metabolismo, logrando un balance hormonal y un intestino limpio.

¿Quién quiere perder peso, sin pasar hambre ni ansiedad por comer? ¡Yooooooo!

Recuerda que el miedo a probar un nuevo método para perder peso es inevitable. Pero el sufrimiento es totalmente opcional. Está en tus manos sentirte depre y adoptar la fisiología de la gente depresiva (dejar caer los hombros y por sobre todo hablar con el tono de voz y las palabras negativas de la gente depre) o cambiar tu fisiología con una alimentación que genere neurotransmisores que te alienten a ser feliz y a tu mente con palabras poderosas de cariño, perdón y amor, realizando ejercicios físicos que vayan de la mano conesa forma física que te mereces tener. No hay nada más sexy que una mujer que se siente cómoda y segura en su cuerpo y transmite poder y a la vez alegría.

Hay retroalimentación, cuanto más te ejercitas y más te dices palabras lindas y de aliento, más tu cuerpo te responde. Recuerda: ¡lo que creas, crea! Tu realidad depende de cómo decidas percibirla.

Quiero que creas esta verdad: Mereces más de lo que tienes. Ve a por ello, trabaja en lo que quieres, decídete, toma acción masiva, sigue los pasos y por sobretodo júntate con personas positivas.

No hay nada más desgastante que rodearse de personas que tiran para abajo, que su comunicación y todo lo que dicen es negativo, porque al final, lo que una dice con las palabras también eso es un mensaje para la mente y para el universo. Habla en positivo y júntate con gente alegre y optimista.

Vístete de acuerdo a tu personalidad, usa ropa de colores, alégrate, olvida esa ropa negra que elijes porque te da vergüenza tu tamaño, sonríe a la gente, agradece, perdona.

Sé que te pido muchas acciones en este capítulo, pero espero lo recibas con la mejor ACTITUD.

La gente suele tratar mejor a aquella persona que tiene una sonrisa en la cara, que mira a los ojos, que se cuida en su aspecto, que camina erguida, que aprieta cuando abraza y demuestra genuino interés en las personas desu entorno. Una no nace con esta actitud, ésta se logra practicando todos los días.

"Como te ven te tratan, y si te ven mal, te maltratan" dice la famosa argentina Mirtha Legrand en sus programas de tv. Tenlo en cuenta.

Si ves tu cambio de alimentación, tu cambio de organización y planificación de los horarios de comida, tus nuevas recetas, tu nuevo comportamiento frente a la comida, si realmente puedes verlo como lo mejor que te sucedió en la vida, con alegría, con intención: ¿Qué crees que pasará? Serás feliz en el proceso.

Si por el otro lado, decides amargarte porque ya no puedes comerte la pizza entera o no puedes pasarte de copas ¿Qué crees que pasará? Tu proceso será una tortura y nadie aguanta mucho tiempo la tortura, soltarástu proceso y volverás a tu exceso de pizza, alcohol y lo peor de todo, es que tu cerebro buscará la forma de justificar ese comportamiento. Recuerda que él no está para llevarte al físico que quieres sino solamente quiere que sobrevivas hoy, ni siquiera tiene sentido a largo plazo, porque la obesidad también mata, solo que lentamente y con pésima calidad de vida.

No se puede elegir las cartas que nos tocan en la vida, dios las reparte y la que te toca, te toca. Hay cartas muy duras que, si te tocan, puedes adoptar una actitud detristeza y enojo, pero las mayoría de las cosas que suceden, no son merecedoras de robar tu energía ni tu alegría.

Puedes discernir la diferencia entre: te pusiste demalhumor porque te robaron el celular y te angustias y recordás en todo lo que perdiste, como las fotos y los contactos y te amargas más y te comes una barra de chocolate y le respondes mal a tus hijos y vas nerviosa manejando en el tránsito y chocas contra un carro, allí el conductor te grita y te dice que manejas como loca… te angustias más... luego que resuelves todo y apenas respiras, te llaman del colegio de tus chicos a decir que uno de tus hijos se mojó la ropa y debes de retirarlo y UFFFF… parece demasiado. Parece que todo se te vino encima, que ya nada podría estar peor, y ahí recibes una llamada de tu amiga la más negativa del mundo que al contarle lo que te pasó, ella te da más caña y te dice que deberías ir a que te recen porque estás meada por un gato (frase que se usa para decir que tienes muy mala suerte).

¿Crees que todo lo que te sucedió justifica que andes porla vida sin alegría? ¡NO! Tienes que poder diferenciarentre situaciones de la vida cotidiana que verdaderamente merecen que andes sin alegría y que, si te tocan, sí que son cartas muy duras de manejar y tendrías el derecho de estar triste, por ejemplo, la muerte de un ser querido, o de tu mascota, una enfermedad, un accidente grave. Tienes que poder superar las pequeñas situaciones de la vida que no deberían de robarte la actitud positiva.

Caro: "¿cómo se hace eso?" puedes estar pensando, lo primero es que pongas en perspectiva lo que te sucede y pienses: ¿es reversible? ¿lo puedo solucionar? Y si tu respuesta es sí, porque puedes comprarte otro celular, puedes arreglar tu vehículo en un taller, que tu hijo se mojara la ropa no pasa nada… incluso imagina qué hubiera pasado si en la primera situación ya hubierastomado una mejor actitud, de seguro que no te hubieras comido el chocolate ni hubieras chocado contra otro carro.

Lee esta frase y repítela: "Lo más IMPORTANTE debe de ser lo más importante" dice Víctor Kuppers y propone una fórmula: C + H X A
Conocimientos (C) Más (+) Habilidades (H) Multiplicado (x) por la Actitud (A). Los conocimientos suman, las habilidades suman, pero la Actitud multiplica. ¡No lo olvides!

Reto 4

Haz una lista y dale Enfoque a las 5 cosas más importantes en tu vida en este momento (de esa manera sabrás que lo importante realmente es lo más importante)

1. _____
2. _____
3. _____
4. _____
5. _____

Rodéate de 5 personas que tengan una actitud positiva, llámalas, pídeles salir a tomar un café, modélalas.

Ensaya una actitud positiva, cuando te suceda algo, date unos segundos para pensar: ¿Merece la pena que esto me robe la alegría? ¿Merece la pena darme un atracón o ponerme borracha? Si la respuesta es NO, ya sabes qué hacer.

Capítulo 8

Repetir

Una vez que ya estás con la mentalidad adecuada, la meta definida y te pones en acción con un plan a prueba de balas y con las gafas que te permitan ver el mundo diferente y adoptar una actitud positiva... lo que hay que hacer es repetir y repetir y repetir el plan día a día.

Algunos expertos dicen que se necesitan de 21 días para cambiar, otros dicen que si quieres ganar una habilidad o el expertice en alimentación o en cualquier área de tu vida, tienes que repetir esa acción unas 10.000 horas con práctica.

Llegamos al momento en el que ya tenes tu plan de alimentación y te va bien, ya sabes dónde realizar las compras, ya sabes cómo cocinar o quien te va a cocinar o de donde comprarás la vianda lista, ya sabes qué hacer cuando vas a un evento, qué hacer cuando vas de vacaciones, tu mentalidad está sólida y tu meta es tuguía... ya solo te queda repetir y repetir las acciones cada día.

En este punto te seré muy sincera, según mi experiencia, siempre volvemos y volvemos a reevaluar el plan y después volvemos a la etapa de Repetir de ese nuevo cambio de plan. ¿Por qué digo esto?, porque la vida no es estática ni tampoco nosotras, no siempre estamos en un balance o en equilibrio.

Porque crecemos, nos hacemos mayores, o incorporamos un nuevo deporte, o lo dejamos, o tenemos más o menos trabajo, o nos enfermamos y así cada situación de la vida hará que nos volvamos a replantear la estrategia y acomodemos el nuevo plan y volvamos nuevamente a esta etapa de Repetir. De eso trata la vida, de movimiento.

El Método MAR² se adapta a tu momento y no que debas de adaptarte a la dieta y a los horarios que te dice un nutricionista.

¿Se entiende? Cuantas veces te pasó que cuando te propones hacer un plan para perder peso y ocurre algo, que puede ser un evento o unas vacaciones o te enfermas, en ese momento todo el plan se va a la basura y ya no sabes cómo retomarlo. Después ya solo te dejas llevar por esa mentalidad de supervivencia y vuelves a comer y comer y a lo mismo de antes.

En esta situación, la mayoría trata de racionalizar la situación, se echa la culpa por no retomar su plan, porque siente que está subiendo de peso nuevamente y cree que todo se trata de voluntad.

Cuando te das un atracón, el organismo percibe como que hay comida en el ambiente y te induce (hormonalmente) a que comas y mucho y se prepara (hormonalmente) para guardar nuevamente grasa (porque sus reservas se vieron forzadas a utilizarse y quiere guardar más por si las dudas más adelante no vuelvas a tener comida ni agua a disposición).

Las personas no comen desbocadamente luego de perder peso por negligentes o porque no valoran todo lo que ya bajaron o porque se dicen que "hasta aquí llegó su voluntad" y se dedican a comer y engordar. El organismo no es tonto, lo que quiere es sobrevivir y no que estés Flaca. No se trata de no valorar el resultado conseguido hasta ese momento, no es tan racional el tema. El peso está regulado por las hormonas, el metabolismo y lo que sucede en el intestino.

Recuerda que los alimentos o productos comestibles que metes a la boca se comportan como un mensaje. Decide qué mensaje quieres darle. Si te comes un dulce el mensaje que te devuelve tus hormonas es de "quiero más" y te comes uno tras otro y el mensaje que le das a tu mente es de "no puedo con los dulces".

Si decides comer un plato con carnes con grasa orgánica y verduras, ¿Cuál crees que será el mensaje que recibirán tus hormonas, cómo funcionará tu metabolismo y cómo se nutrirá tu microbiota intestinal?

Ahora, cuando sigues el plan y activas la quema de grasa y las células de tu cuerpo aprenden a utilizarlas como fuentes de energía, no se desesperan, porque tener acceso libre a usar la grasa es como tener acceso a un buffet de comida en un local de tenedor libre, hay demasiada.

Es la gran diferencia cuando se pierde peso con las dietas bajas en calorías.

Hay un mensaje de escasez y la hormona insulina no desciende y si no baja no se activa la quema de grasa y no se puede utilizar la energía que está allí acumulada. Por el contrario, el metabolismo se reduce y se sigue combustionando únicamente a la glucosa como principal sustrato energético de las células.

Este es uno de los secretos de perder peso con el Método MAR², no solo se ven los kilos menos en la balanza, sino que hay un cambio metabólico inducido por las hormonas que llevan a utilizar los ácidos grasos y los cuerpos cetónicos como fuente de energía para las células y no únicamente a la glucosa, como sucede cuando estás aumentando de peso o cuando estás llevando la dieta occidental alta en carbohidratos (panes, pastas, dulces).

Se pasa de un metabolismo glucosídico (que solo usa glucosa como energía) a un metabolismo lipolítico (accediendo a los depósitos casi ilimitados de energía de las grasas), pasas literalmente de usar glucosa a usar grasas como energía. Y como los depósitos de grasa son más extensos que los depósitos de glucosa TU metabolismo está a mil y pierdes peso a expensas de tu % de grasa corporal, te sientes con energía, estás lúcida, tu microbiota intestinal está mejor y sientes que tu estado de ánimo se estabiliza, sin los famosos altibajos que da el comer alimentos con azúcar.

Repite tu plan por 10.000 horas, si lo quieres representar en días equivaldrían a estar haciendo tus cambios por 417 días.

Es el tiempo que me llevó hacer mi primer cambio y luego vinieron los siguientes cambios, y nunca el plan es estático. Al evolucionar, al volverme más madura, una se va encontrando con situaciones en la vida o cambios por la edad, y vuelves a ajustar el plan.

Recuerda: siempre puedes cambiar.

Imagina modificar una sola cosa de tu vida y ese cambio representa solo un 1% de tu meta, pero al repetir y repetir, al cabo de un tiempo habrás llegado. Mira esta imagen, ¿Te animas a realizar Un Cambio?

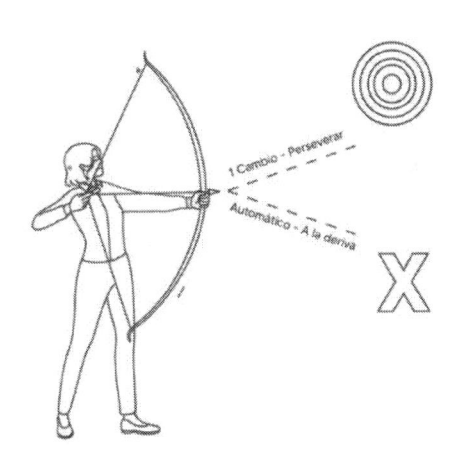

Disfruta del proceso, no te tortures, la vida es hermosa, comer es un acto placentero (y lo debe de ser porque si no comemos morimos) pero no te enrolles únicamente con la comida. Necesitas sacarte el peso que te genera hacer cambios dramáticos y empieza de a poco y de manera simple, no te compliques demasiado, no intentes hacerlo todo el primer mes.

Un cuerpo que no está sano, desalienta el pensamiento y se deja llevar por el momento. Se va a la deriva y es así como pasan los días, los meses y los años sin lograr lo que te propusiste en la vida. Que no te suceda esto, la vida es hermosa y vale la pena vivirla en un cuerpo de infarto, energético y con salud.

El método MAR² no se trata de que un día comas pollo con lechugas, vayas al gimnasio y pretendas ver cambios inmediatos en el espejo. Se trata de que si comes de una determinada manera y te comportas como tu avatar de flaca, a la larga indefectiblemente habitarás en ese cuerpazo que te mereces.

Reto 5

Anota pequeños cambios que repetidos te pueden llevar al cambio que deseas.

_____
_____
_____
_____

Busca en internet imágenes de personas que hicieron 1 cambio en sus hábitos y lo mantuvieron por un año y sorpréndete de cómo se ven, personas que dejaron de fumar, dejaron de beber alcohol, de tomar lácteos, de comer azúcar, o que hicieron ayuno (Angus Barbieri ayunó por 382 días y su vida cambió radicalmente). ¿Qué cambio repetido por 10.000 horas te cambiaría la vida? Empieza por allí: _____
_____
_____
_____

Capítulo 9

Rutina

Estás repitiendo tus conductas y de esa manera generas un hábito. Y la forma más efectiva de que ese hábito se vuelva en automático es que recibas una recompensa por llevarlo a cabo. ¡Así como lo lees!

Una pequeña victoria sería por ejemplo, sostener el plan en la semana y el fin de semana te regalas un paseo, un masaje, algo que te guste.

Obligarte a ganar disciplina ya, es muy sacrificado, necesita de mucha fuerza de voluntad. En cambio, si empiezas por adquirir una rutina que trabaje en automático y te genere pequeñas victorias, te será más llevadera y verás tu meta como posible.

Crea tu rutina para que tus nuevos hábitos funcionen de manera en la que ya no tengas que pensarlos ni programarlos, simplemente estén allí, funcionando a favor tuyo.

Te cuento lo que desayunaba cuando estaba en mi peor momento de salud: un café cortado con leche descremada y edulcorante sin calorías con 2 tostadas de pan integral y dulce de frutilla dietético. Juraba que era un desayuno perfecto. Esta fue mi forma de romper con el ayuno nocturno por más de 10 años, todos los días me levantaba y a las 6 am me tomaba lo mismo.

Me gustaba desayunar mi café con leche y mis pancitos con dulce aunque me llenaran solo por 1 hora, creía que era feliz aunque me sentía enferma.

Y cuando el médico me dijo que me había sacado unos pólipos intestinales que se podrían convertir encancerosos y que yo no tenía más nada que hacer al respecto, solo esperar y removerlos cada vez que se formaran, no creí en esta sentencia y salí a buscar otras soluciones.

Yo creía que estaba comiendo bien, así me enseñaron y así me seguían diciendo los médicos que debía comer. Que mis malestares no tenían que ver con lo que comía. Pero me animé a dudar de esa "verdad" y decidí buscar otros métodos que al □n me devolvieran mi salud.

No hay un día que no agradezca el haberme animado a probar algo diferente.

Por años repetí e implementé los mismos conceptos nutricionales que enseñaba siendo Directora de la Carrera de Nutrición en la Universidad más grande de Asunción, luego volví a confirmar esos mismos conceptos en mi Masterado en Nutrición Clínica en la Universidad Autónoma de Madrid, y no fue, hasta que enfermé haciendo todo lo que ellos me dijeron.

Lo que había aprendido de nutrición no me solucionaban mi problema de peso ni de salud, aunque ambos van unidos.

Esta nueva forma de comer y de suplementarme forma parte de lo que SOY hoy, ya no tengo que estar pensando en qué comer, a qué hora comer y tomarme mis suplementos.

Gané tanto que se convirtió en mi misión transmitirte mi método. Así también puedas beneficiarte de esta nueva forma de entender cómo funciona el organismo cuando quieres perder peso y mantenerlo para siempre.

Y que finalmente logres liberarte de la prisión alimentaria en la que estás, viviendo con la salud que te mereces, sin dietas de hambre ni pasar largas horas en la cocina comiendo diferente a los demás. Y sin llegar al punto en el que un médico te diga: "Ya no hay nada que puedashacer"

La gente normaliza sentirse mal, se acostumbra. Se vuelve resiliente y ya no busca curaciones, sino parches oalivios a sus síntomas y deja que las enfermedades avancen.

Yo sentía que estaba haciendo "todo bien", comía según me enseñaron en dietoterapia en la universidad, bebía agua suficiente, hacía ejercicios y dormía largas horas (debido a los medicamentos neurológicos que tomaba) y sin embargo estaba sin energía y cada día aparecía un nuevo síntoma de otra nueva enfermedad.

¿Estaba comiendo bien en verdad? Hoy sé que no.

¿Hacía ejercicios en el horario en que me convenía y el tipo de ejercicios que me hiciera ganar salud? En verdad hacía el ejercicio que me gustaba y a la hora que podía…

¿Estaba tomando agua de calidad? o solo compraba esas aguas embotelladas en plástico porque son más fáciles de conseguir.

Dudé y eso me llevó a investigar.

También el hecho de que mi tutor estaba llevando otra forma de vida, otra alimentación casi 100% contraria a la que yo había aprendido, y lo veía a él tan sano, que decidí modelarlo.

Modelar a alguien que ya está consiguiendo los resultados que te gustaría en tu vida, es más sencillo que estar queriendo descubrir una nueva dieta. Modelar no significa que le copies exactamente sus gustos alimentarios ni sus horarios sino que lo adecues a tu vida.

Una vez que empecé a replicar los pasos que otra persona ya dio y que la elevó a ese nivel de salud, de energía y estado fit que yo quería para mí … ¿Qué creesque pasó cuando lo modelé? Empecé a ver los mismos resultados también en mi cuerpo y en mi salud.

¿Te gustaría modelar a las mujeres que ya han perdido peso, sin pasar hambre y olvidándose de la ansiedad por los dulces y por sobre todo con una fórmula que se adapte a tus hábitos alimentarios y a tus costumbres?

Entonces solo sigue el Método MAR² y ya estarás encaminada a tu pequeño gran cambio.

Bueno, a medida que repetía y repetía mi nuevodesayuno con café negro y aceite de coco, omelet de 3 huevos y aguacate este des-ayuno se volvió mi rutina.

Ya no necesitaba pensar en que no debía tomarme mi café con leche apenas abría los ojos, sino cree una rutina que la sostuve a base de tener un plan y de repetir queme sirvió para perder peso, sanar y ganar energía estable.

¿Crees que el Método MAR² te van a funcionar a ti?

Muchas se quedan en la dicotomía de si seguir con su comida divertida a la que ya están acostumbradas y tomándose sus copas de vino o ponerse fit. Y hay que elegir, las dos cosas no se pueden tener. Lo que sí te aseguro, es que, cuando sigas este Método e inicies tu cambio alimentario y llegues a tu peso, podrás intercalar: Ayuno, Festín, Ayuno, Festín... rutina y premio, vuelta a la rutina y premio. Lo que NO funciona es estar de festín y fiesta constante.

Llegó el momento de tomar la decisión.

Reto 6

Escribe 5 ventajas de seguir con tu dieta tradicional o contando calorías y 5 ventajas de implementar el ayuno intermitente.

Ventajas	Dieta tradicional y contando calorías	Ayuno Intermitente
1.		
2.		
3.		
4.		
5.		

Capítulo 10

Pasos para implementar el Método MAR^2

1# Paso

Empieza tus mañanas con propósito

La Regla 10/10/10

Despiértate 30 minutos antes de lo que acostumbras y dedícales:

10 minutos: a realizar respiraciones: 3 segundos inspiras − 3 segundos retienes − 6 segundos expiras (puedes repetirlo 20 veces o más según te vayas sintiendo bien)

Puedes ambientar tu espacio con aromas relajantes de limón, jazmín, lavanda, eucalipto o puedes hacer tus respiraciones al aire libre.

Camina descalza sobre el césped cada vez que puedas, abraza un árbol (se llama arboterapia puedes investigar el poder que esta práctica tiene)

Agradece una cosa por día, el que hayas amanecido ya es motivo de agradecimiento.

10 minutos: Visualiza cómo será tu día. Descríbela paso a paso. Qué vas a hacer, que vas a comer, a quién de tus personas positivas vas a contactar, qué quieres sentir ese día, cómo te vas a ver. Hora por hora planifícala.

10 minutos: Escucha un postcast, lee una parte de tu libro, tómate tranquila una infusión de tu agrado y declara que será un día más acercándote a tu meta con intención.

Esta rutina la puedes adaptar a lo que te venga bien, lo importante es que seas constante. Si no lo consigues a primera hora de la mañana, encuentra el momento para hacerla… tal vez a la noche.

2# Paso

Realiza ejercicios físicos en ayunas

Ojalá y lo puedas hacer temprano en la mañana y si no es así, tampoco pasa nada si lo haces a la tarde.

Si solo puedes moverte de noche te recomendaría dar un pequeño paseo después de cenar. Hará que baje tu insulina.

3# Paso

Rompe tu Ayuno

Lo más tarde que puedas. Verás que una vez que te acostumbres a tu nueva hora de des-ayunar tendrás hambre a esa hora y no antes.

Come comida real y que te sacie.

4# Paso

* Durante tu día, haz un corte, intenta moverte, salta. Evita pasarte larguísimas horas sentada y en mala posición, estírate, salta, muévete.

*Llama a 1 amigo y salúdalo
Recuerda en rodearte de personas positivas que te tiren buena onda. Puedes llamar a un amigo que hace tiempo no le hablas o a una que necesite de un mensaje lindo y de aliento tuyo.

* Toma sol 30 minutos con la piel descubierta y sin protector

Ojalá y vivamos frente al mar ¡qué lindo sería poder caminar por la playa tomando el sol! Si no, nos queda exponernos al sol, con poca ropa y sin protectores solares. Dúchate antes con jabón y ya luego del sol deja que la vitamina D se absorba.

5# Paso

Toma tu cena lo más temprano que puedas. Mínimo 3 horas antes de dormir. Si puedes, tómala aún cuando haya luz solar y no anochezca.

Esto te ayudará que a la hora de dormir puedas conciliar el sueño rápidamente.

6# Paso

Repasa mentalmente cómo fue día, ¿Lo habías visualizado así?

También puedes disfrutar de una actividad que te guste: paseo con el perro, salir al jardín o balcón, beber un té, una ducha caliente, leer un libro, escuchar un podcast.

7# Paso

Recuerda de Hacerlo Simple

Disfruta del proceso

Vive tu única vida en el cuerpo que te mereces

Y siempre puedes elegir cómo sentirte y no que la vida te lleve sin rumbo:

- ❼ Cargas el peso del accionar o cargas el peso de la frustración

- ❼ Víctima de las excusas o heroína de tu vida

Deja de hacerte auto sancadillas y súbete a la ola del Método MAR²

Estamos llegando al final de este libro, me encantó acompañarte a través de cada hoja, me gustaría poder contarte más pero tampoco quiero abrumarte. Sé que son muchos cambios los que te sugiero, pero al final ¡Sí que vale la pena hacerlos!

Espero que en esta parte final estés sintiendo saudade, esa sensación medio tristona cuando termina algo que nos gustó y quieras que sigamos transitando el camino juntas, así que te dejo mis links de contactos y espero conocerte personalmente pronto en alguno de mis programas.

Si quieres empezar a subir la ola únete hoy mismo a mi tribu, ¡nos vemos dentro!

Caro Tovar: www.carotovar.com

El Método MAR^2: Para Perder Peso

El Método MAR^2: Para Perder Peso

Made in the USA
Columbia, SC
24 January 2023